Scene e Machine preparate alle Nozze di Teti Balletto REALE representato nella sala del piccolo Borbone et da Giacomo Torelli Inventore dedicate all Eminentissimo Prencipe CARDINAL MAZZARINO

Decorations et Machines aprestées aux Nopces de Tetis, Ballet ROYAL, Representé en la salle du petit Bourbon par Iacques Torelli Inventeur, Dediées a l'Eminentissime Prince CARDINAL MAZZARIN.

F. Francart del. Ifrael filueftre fecit.

DICHIARAZIONE
DEL FRONTISPICIO
DEL LIBRO.

LA Maeſtà, che riſplende nel volto del Monarca, che Dio hà dato alla Francia, con tromba glorioſa dichiara, che del ſuo vaſto Cielo egli è l'auguſtiſſimo Gioue. Da lui, come da primo pianeta, e ſupremo motore deriuano gl'influſſi, che con Raggi sereniſſimi percuotendo nell'idea, e nella virtù dell'Eminentiſſimo Signore Cardinal Mazarino, iui formano il rifleſſo, che compartiſce alle più nobili profeſſioni, & all'arti più induſtrioſe, i benefizij, e'l ſoſtegno. Gioiſcono queſte nobili figliuole della Gallica erudizione in riceuere la vita da vn Apollo di Roma, mentre egli tutto conuerſo al ſuo Monarca quanto di lume, e di bene da lui riceue, tanto diffuſamente altrui ne compartiſce. Queſta imagine eſemplare di tanta verità può ſegnare vn principio alla vaſta conſiderazione d'vn miſtero, che malgrado d'ogn'altra ſiniſtra influenza, tiene da vn Nume ſuperiore, e da vn Miniſtro incontaminato, per queſti popoli, vita, ſerenità, e contento.

DECLARATION DV FRONTISPICE DV LIVRE.

LA Maiesté qui reluit dans le visage du Monarque que Dieu a donné à la France, fait voir par la lumiere dont elle est enuironnée, que ce Monarque est l'auguste Jupiter de son Ciel spatieux. De luy comme du premier astre & du supreme moteur sortent des influences, qui auec des rayons tres-serains touchant l'esprit & la vertu de l'Eminentissime Cardinal Mazarin, font que par reflexion il distribuë aux plus nobles emplois & aux arts les plus ingenieux les graces & l'appuy. Ces nobles filles de la discipline Françoise se réioüyssent de receuoir la vie d'vn Apollon Romain. Cependant cét Apollon ayant les yeux arrestez sur son Monarque, donne aux autres abondamment toute la lumiere & tout le bien qu'il reçoit de luy. Cette image qui represente cette verité peut conduire l'esprit à la consideration d'vn mystere, & luy peut faire cognoistre, que malgré tout autre influence funeste, les peuples tiennent la vie, le calme, & le contentement d'vn Dieu superieur, & d'vn Ministre fidelle.

ALL' EMINENTISSIMO PRENCIPE
IL SIGNOR CARDINALE
GIVLIO
MAZARINO.

EMINENTISSIMO E REVERENDISSIMO SIGNORE,

L'esecuzione del mio impiego, che con tanta mia fortuna esercito in questa Corte, e che non sà hauer più nobil fine che di compiacere à sua Maestà, e al Genio sublime dell' EMIN^a V. à lei si riuolge colla riuerenza, che deue in questa mia fatica teatrale, che illustrata dà Raggi serenissimi di vn tanto Monarca, non hà che più desiderarsi, oltre la benigna approuazione di V. EMIN^a. Il mio instinto, e'l mio debito mi fanno conoscere altrettanto sollecito à questo Real seruizio, quanto mi vi son mostrato diuoto in molte occasioni delle passate turbulenze; à segno che, quando io considero, che le persecuzioni, le prigionie, e la perdita di quanto haueuo, sono stati testimonij del mio zelo, e che la gloria di soffrire per l'EMIN^a V. m'è stata più cara della propria vita; mi pare di poco, ò nulla operare per lei in questa occorenza; mà perche il solo disegno di contribuire al suo diuertimento si qualifica abastanza, mi deuo consolare in questo del tributo, che benche picciolo à lei porto. Nel mentre però che fugati i turbini, e rasseranata la Francia dalla Maestà del Rè, e dall'ottima condotta di V. EMIN^a. Si ristorano le grazie, ripatriano le Muse, e si ricreano gli animi di questi popoli; applaudiscono sù le scene ancora le arti più sublimi alla tutela fauoreuole, che loro conserua l'EMIN^a V. A' lei però s'inchina questa mia diuota espressione, ed offerendo in carta quanto su'l Teatro espose, la supplica di grazioso aggradimento, mentre s'augura eterna la di lei protezione chi viue, e sarà sempre,

DI VOSTRA EMINENZA

Hum^{mo}. diu^{mo} seruitore

GIACOMO TORELLI.

MONSEIGNEVR,

L'employ qui m'occupe depuis si long-temps à la Cour, & que i'y exerce auec vn bon-heur qui contente pleinement mon ambition, ne sçauroit auoir vne fin plus iuste ny plus glorieuse, que celle de plaire à sa Maiesté, & de délasser par quelque agreable diuertissement l'esprit de V. E. C'est la douce loy que ie me suis imposée en cette occasion, où ie luy consacre auec tout le respect que ie luy dois, tous les soins & toute l'industrie dont ie suis capable de releuer le Theatre François : & s'il arriue que sa pompe puisse paroistre superbe à des yeux si delicats, que ceux de V. E. il ne manquera rien à mes souhaits, ny à ma gloire. Certes, MONSEIGNEVR, il me semble que ie suis obligé de l'esperer, quand ie considere que l'auguste presence du Roy fera la meilleure partie de son esclat, & que la lumiere que sa Maiesté respandra sur toutes mes decorations en reparera si bien les deffauts, qu'elle ne fera rien voir à V. E. qui ne luy soit tres-agreable. Mais quelque fauorable succés que i'attende de mon entreprise, ie diray librement à V. E. que ie ne croy pas que la passion que i'ay à luy rendre seruice en soit satisfaite : & quand ie songe que les persecutions, les emprisonnemens, & la perte de tout mon bien, ont esté les tesmoignages de mon zele ; & que la gloire de souffrir pour V. E. ma paru plus chere & plus precieuse, que ma propre vie : il me semble qu'en cette occasion ie ne fais rien pour elle. Mais comme le dessein de contribuer à son diuertissement releue les moindres choses ; ie me consoleray par-là de l'offrande que ie luy fais, quelque petite qu'elle puisse estre : & maintenant que Paris iouyt en repos de la presence de son Roy ; que la prudence de V. E. a dissipé tous les orages qui menaçoient la France ; que les graces se restablissent ; qu'on voit reuenir les Muses, resiouyr les peuples, & les plus nobles arts applaudir à la protection fauorable, dont V. E. les honore : Ie me contenteray de luy tracer dans ce liure vne fidelle peinture de toutes les agreables diuersitez, dont i'ay tasché d'embellir le theatre ; suppliant tres-humblement V. E. d'agréer ce que i'ose luy offrir, & de ne refuser point l'honneur de sa protection à celuy, qui sera toute sa vie auec toute sorte de respect,

DE VOSTRE EMINENCE,

Le tres-humble & tres-obeïssant
seruiteur I. TORELLI.

DESCRIZIONE REGOLARE
DELLE MACHINE,
DELLE MVTAZIONI DEL TEATRO,
E INCIDENZE DELL'OPERA PRESENTE.

Del Caualier AMALTEO.

La prima Scena, che ferue di Prologo, rapprefenta il monte Pierio della Teffaglia, fituato trà li due fiumi Apidano, e Onochono, doue fuccede l'azione. Il monte fudetto forge nell'altezza di 22 piedi circondato da vn bofco, e porta fopra di fe le noue Mufe con Apollo cinto d'Allori, che intrecciandofi nelle cime, foftengono i tre Gigli, e la corona di Francia fopra la fua tefta.

Si vede quefto monte Ifolato dalle parti, e aperto nel mezzo da vna cauerna, per la quale vedonfi nel bofco molte Alee d'arbori, che da ogni parte del profpetto fono intieramente godute.

All'entrata della fcena fono affifi li due fiumi fudetti: fopra due faffi circondati da gionchi, & altre erbe aquofe; e fù le loro riue due cori di Ninfe cogliendo fiori, e intrecciando corone, cantando il Prologo dell'opera in lode d'Apollo, rapprefentato dal Rè, la cui Maeftà calando infenfibilmente il monte, e concentrandofi, hà luogo di vfcire fu'l teatro con le noue Mufe, che rapprefentate da Principeffe, e Dame delle Corte, compongono vna deliziofiffimà danza.

DESCRIPTION REGVLIERE
DES MACHINES,
DES CHANGEMENS DV THEATRE,
ET DES INCIDENS DV PRESENT OVVRAGE.

La premiere Scene qui sert de Prologue, reprensente le mont Pierien dans la Thessalie, situé entre les deux fleuues Appidan & Onochon, où se passe toute l'action : il a vingt-deux pieds de hauteur ; il est enuironné d'vn bois, & là paroissent les neuf Muses auec Appollon couronné de lauriers, qui entrelacez par le bout soustiennent les trois Fleurs de lys & la Couronne de France.

Ce mont dont les costes forment vne isle, est ouuert au milieu par vne cauerne, de laquelle il se descouure dans le bois d'vn bout à autre plusieurs belles allées

A l'entrée de la Scene les deux fleuues, dont nous auons parlé, coulent sur deux roches entourées de ioncs & autres herbes qui naissent dans l'eau ; & sur leur riue deux chœurs de Nymphes, en cueillant des fleurs & faisant des couronnes, chantent le Prologue de cét Ouurage à la loüange d'Appollon representé par le Roy, que la montagne, qui descend insensiblement, & se retire vers le centre, laisse sur le theatre auec les neuf Muses representées par les Princesses & Dames de la Cour, qui composent vne danse tres-delicieuse.

II.

LA prima Scena dell'Atto primo rappresenta la Grotta di Chirone Centauro, è composta tutta di sassi, e scogli horridissimi, e coperta da vn vastissimo volto pure di sassi; rende insieme vaghezza, & horrore. Nell'alto si vede vn' apertura, per la quale la Grotta riceue il lume, e per doue si vedono le strade di vna montagna, e paesaggio di fuori, che conduce all'entrata della sudetta Grotta, che aprono due porte di rustica architettura fabricate d'vna parte, e d'altra. Si vedono molti, e diuersi sepolcri di maestosa costruttura, che chiudono quegli Eroi, che sono stati degni di morir discepoli di cosi gran maestro. Sotto la medesima apertura dell'alto, se ne vede vn'altra, che mostra i più intimi luoghi della sudetta habitazione; e con ingegnosa regola di prospettiua appare di lontano il fondo, in cui vedesi ancora vn più superbo sepolcro de' gli altri. Quì all'incanto de' maghi, addittati da Chirone, frà tuoni, e lampi sorge vn carro, sopra di cui montato Peleo, si leua in aria in mezzo di fiamme, e fumosi vapori, che lasciati à mezzo corso, vola à trauerso della Grotta, vscendo per la sudetta apertura, il fumo suanisce in aria, e la fiamma ricade al fondo.

II.

LA premiere Scene du premier Acte represente la Grote du Centaure Chiron : les rochers affreux qui seuls en forment la grandeur ne donnent pas moins de plaisir que d'horreur à la veuë. Au plus haut elle a vne ouuerture, par laquelle elle reçoit le iour, & qui descouure au dehors vn païsage, & les chemins d'vne montagne qui aboutissent à l'entrée de cette Grotte, qui s'ouurent par deux portes, où paroist de toutes parts vn trauail rustique. On voit plusieurs & diuers tombeaux d'vne superbe Architecture, qui enferment les Heros qui ont merité l'honneur d'estre & de mourir disciples d'vn si grand Maistre. Soubs la plus haute ouuerture on en voit vn autre qui en descouure les endroits les plus secrets, & l'art de la perspectiue en fait paroistre de loing le fonds, où il y a vn sepulchre encore plus magnifique que les autres. Là par l'enchantement des Magiciens montrez par Chiron entre les tonnerres & esclairs vn char sur lequel Pelie est porté s'éleue en l'air au milieu de la flamme & de la fumée ; & laissant l'vn & l'autre au milieu de sa course, il vole au trauers de la Grotte sortant par l'ouuerture, la fumée s'euanoüit en l'air, & la flamme retombe au fonds.

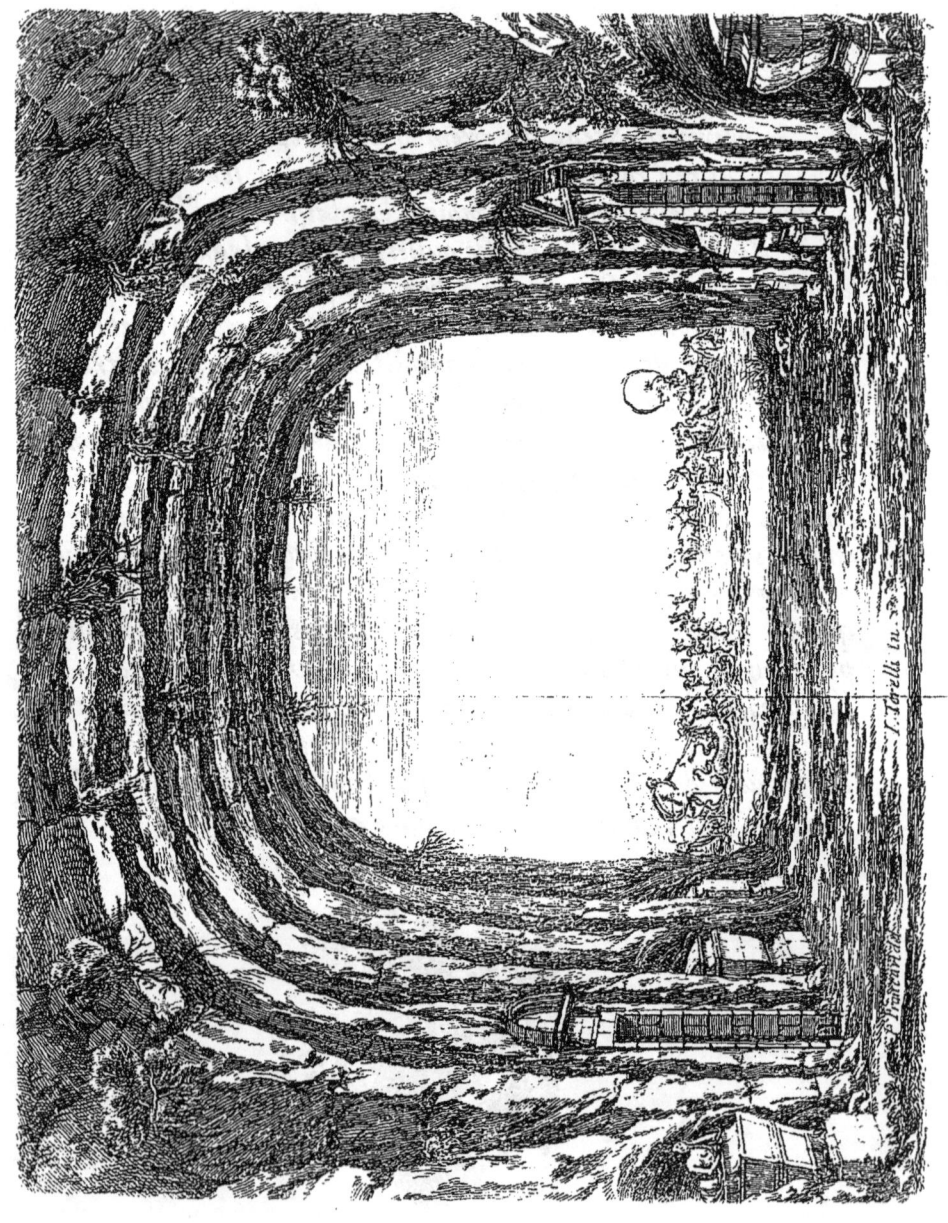

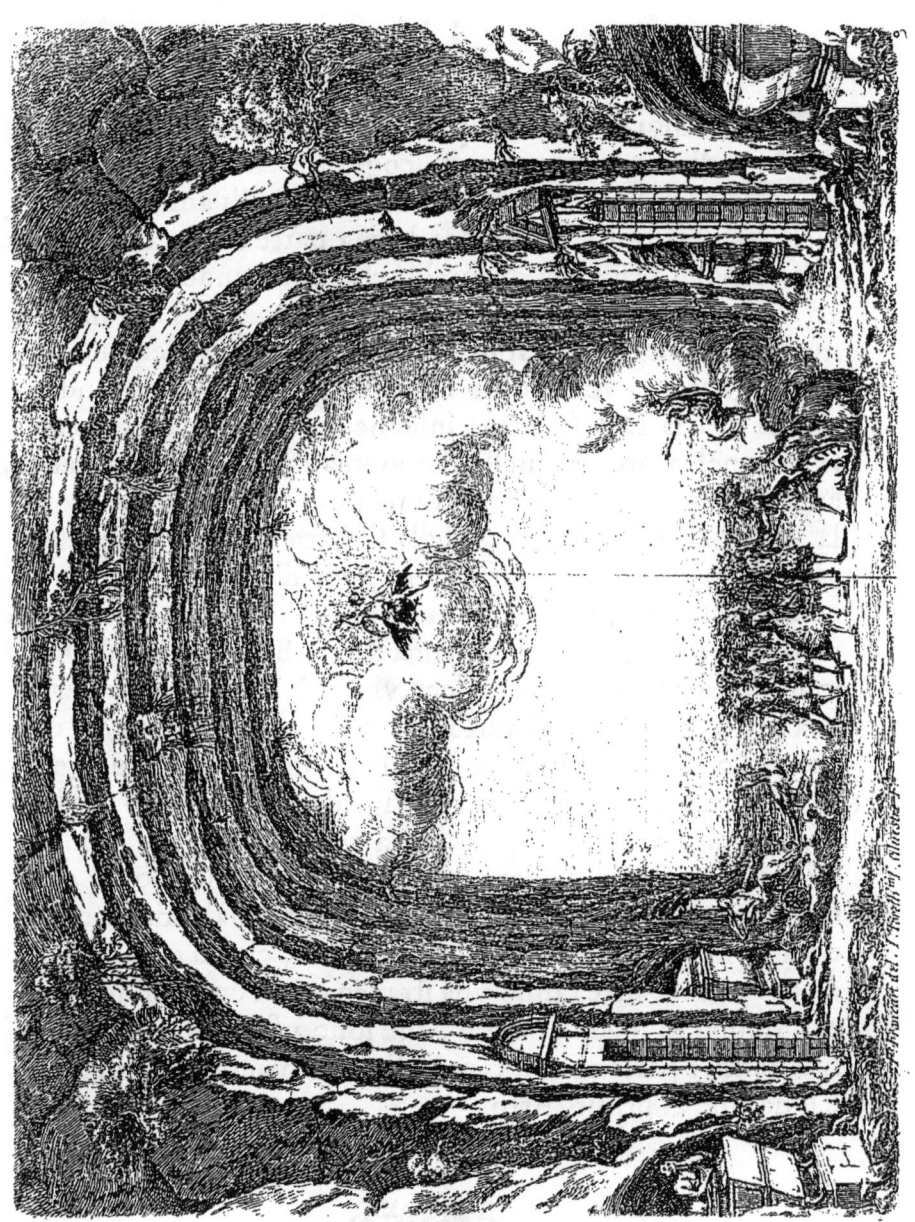

IV.

QVì cangiata tutta la profpettiua della Grotta, in luogo di vna lontananza di fcogli, fi vede vn placidiffimo mare, circondato di riue piaceuoli, de colli ameni, e deliziofe habitazioni. Comparifce da vna parte vna gran conchiglia piena di pefcatori di coralli, che foftenendone nel mezzo loro vn'altra più picciola, n'è portata Teti Dea maritima. Viene forgendo dal mare di lei inuaghito Nettuno, accompagnato da vn coro di Tritoni, e Sirene; e difcendendo fu'l lito la Dea fudetta, infieme co' Pefcatori, Nettuno rientra nel mare, e quelli fanno vna danza. Gioue intanto apparifce in aria nel mezzo di vna gran nuuola fopra l'aquila, che fpiccatafi dal fondo della fudetta nuuola; poi paffeggiando, e volgendofi hor da vna, hor d'all'altra parte, viene anch'effo come Amante di Teti à lufingarla; dalla quale rifiutato, fi fdegna, e commanda à i turbini di rapirla. Dalla gran nuuola fi vede fpiccarfene vna più picciola, che per linea retta auanzandozi verfo il teatro, viene à terra, la circonda, e la folleua in aria. In quefto mentre Giunone gelofa difcende fu'l proprio carro, e fgridando il marito, egli fe ne vola al Cielo sù l'aquila, e fà chiudere la gran nuuola. Gioue intanto, chiamate dall'inferno le furie; forge dalla terra vna tefta di formidabil moftro, che efalando fiamme, e fumi fulfurei, vomita quattro furie, che accompagnate da quantità d'altre fanno vna ftrauagante e curiofiffima danza; doppo la quale, quelle, che fono vfcite di fotto terra, montano, e partono veloci colla fudetta machina di Giunone; e fi dà fine al primo Atto.

IV.

LA toute la perspectiue de la Grotte estant changée à la place d'vne longue suite de rochers, on voit vne mer tranquille enuironnée de riuages qui plaisent à la veuë, & de petites sallies agreables & de demeures delicieuses : d'vn costé on voit paraistre vne grande coquille pleine de gens qui peschent le corail, qui au milieu de la leur en soustiennent vne autre plus petite, qui porte Thetis Deesse de la mer. Alors Neptune amoureux d'elle, sort de l'onde accompagné d'vn chœur de Tritons & de Syrenes; mais il se renferme, voyant sa Deesse auec ses pescheurs descenduë sur le riuage, ensuite ses pescheurs dansent ensemble. Cependant Jupiter paraist en l'air au milieu d'vn grand nuage sur son aigle, qui estant sorty du sein de la nuë; on voit ce Dieu se promener tantost d'vn costé tantost de l'autre : & comme il vient en qualité d'amant pour carresser Thetis, il en est mesprisé : ce mespris le met en tel excés de colere, qu'il commande aux vents de l'enleuer. Aprés on voit sortir de ce grand nuage vn plus petit qui s'auançant en droicte ligne vers le theatre, descend, enuironne la Deesse, & l'emporte au milieu de l'air : cependant Iunon ialouse paroist sur son char, & querellant son mary, elle est cause qu'il s'enuole vers le Ciel sur son aigle, & qu'il fait fermer son grand nuage : Iunon ayant appellé les furies de l'enfer, vne teste d'vn horrible monstre sort de la terre, qui poussant des flammes & des fumées meslées auec le soulfre, vomit quatre furies, qui estant accompagnées de plusieurs autres, font vne danse aussi extrauagante que curieuse; aprés laquelle les furies qui sont sorties du sein de la terre, montent auec la machine de Iunon, & partent d'vne extreme vitesse : & leur départ fait la fin du premier Acte.

III.

COMINCIA il secondo Atto co'l monte Caucaso, e questa Scena rappresenta vna strada che conduce alla cima del detto monte: si vedono però dalle parti alcune rupi, sopra le quali sono costrutte molte case villareccie, tutte all'intorno di frondi, & arboscelli adombrate. Di lontano sù la cima del monte si vede vn Tempio, ò Palazzo tutto d'oro, e di là oltre il Palazzo, si vede la montagna discendere verso il mare. Su'l principio della sudetta strada si vede Prometheo legato ad vn gran sasso, e'l augello che lo tormenta. Dirimpetto al medesimo sasso vedesi discendere il carro di Peleo sino à terra, seguito da gran nubi di fumo, causate dalle fiamme, che auuampano sotto di lui. Disceso egli dal carro, consulta con Prometheo circa i suoi amori; poi vi rimonta, e asceso trà quei fumi sino à mezz'aria, quelli si distruggono à poco à poco, & egli rapido se ne vola d'altra parte. Intanto vn coro di Seluaggi per allegrezza delle buone speranze di Peleo, fanno vna bizarissima Danza.

III.

AV commencement du second Acte on voit paraistre la montagne de Caucase, & cette Scene represente vn chemin qui aboutit au sommet de la mesme montagne : on y voit quelques rochers, sur lesquels plusieurs maisons rustiques, toutes ornées de petits arbres, & ombragées de leur feüillages, se trouuent basties. De loing sur le sommet du mont paraist vn Temple ou Palais tout d'or; & au delà de ce superbe Palais, on voit la montagne pancher du costé de la mer. A l'entrée de ce chemin on voit Promethée lié à vn grand rocher, & l'oyseau qui le tourmente. Droict à ce mesme rocher on voit descendre le char de Pelée iusqu'à terre, enuironné d'vn grand nuage de fumées causé par les flammes qui sont au dessous de luy : il descend de son char, & consulte Promethée sur le suiet de son amour: aprés il se remet dans son char, & passant à trauers les fumées qui se détruisent peu à peu, se sauue vistement de l'autre costé. Cependant plusieurs Sauuages pour tesmoigner la ioye qu'ils ont des bonnes esperances de Pelée, forment vne danse tresbizare.

V.

NElla Scena seconda comparisce il Palazzo sontuosissimo di Gioue, il quale composto di architettura con Pilastri Corinthi tutti d'oro; sopra li termini de' balaustri in luogo di statue vi sono aquile pur tutte d'oro; Ne i riguardi de' Pilastri si vedono molte gioie con ordine incastrate di più colori in vn fondo di lapis lazuli. Frà i Pilastri, che sono doppij, sopra richissimi Piedestalli s'alzano statue di più sorti d'antiche Deità. Al terzo della fabrica vi è vn passaggio, ò galeria coperta, come pure ne segue col medesimo ordine vn'altro simile nell'altro terzo, e nel fondo si vede vn volto coperto tutto incastrato delle medesime richezze, come sono pure li Frisi, e i riguardi de' piedestalli de' Pilastri. Mà de' balaustri, che sono fatti in forma di fogliami, e cartocci, cosa più ricca, ne più sontuosa non può rappresentarsi, doue la prospettiua è sì bene osseruata, che pare vna lega di paese, consistendo di ventitre tellari per ciascheduna parte, che con quello dell'vltima prospettiua fanno vna pomposa, lunghissima veduta. In questa Scena sì diuisano da Gioue i suoi Amori con Mercurio, il quale receuuti gli ordini del suo Signore vola per linea obliqua fino sù la faccia della Scena; E Gioue in questo mentre ordina alle Driadi, che festeggino per le sue allegrezze, e finita la danza, ch'è vna delle più belle, si dà adito al susseguente cambiamento.

V.

DANS la seconde Scene paroist le riche Palais de Iupiter remarquable pour l'architecture & les Pilastres Corinthiens tout d'or ; sur les termes des balustres il y a aussi des aigles d'or au lieu de statues. Dans les faces des Pilastres on voit quantité de pierres precieuses de diuerses couleurs enchassées en vn fonds de pierre d'azur. Entre les Pilastres qui sont doubles, s'esleuent des statues de plusieurs sortent des anciennes Deitez. Aux deux tiers de ce bastiment il y a vn passage & vne galerie couuerte, & au fonds vne voûte de mesme, où des mesmes pierreries sont enchassées qui esclattent autant dans les frises & en la face des piedestaux des pilastres. Mais on ne sçauroit s'imaginer rien de plus riche & de plus superbe que les cartouches & les balustres, qui sont faits en forme de feüillages, & où la perspectiue est si bien obseruée, qu'il semble qu'il y ait vne lieuë de pays. Vingt-trois chassis d'vn costé & d'autre auec celuy de la derniere perspectiue donnent le plaisir d'vne veuë fort agreable & fort estenduë. En cette Scene Iupiter deuise de ses amours auec Mercure, qui ayant receu ses commandemens, par vn tour oblique vole iusques sur la face de la Scene. Cependant Iupiter ordonne aux Driades qu'elles celebrent ses diuertissemens par vne danse, & qui en font vne qui est des plus belles qu'on puisse voir.

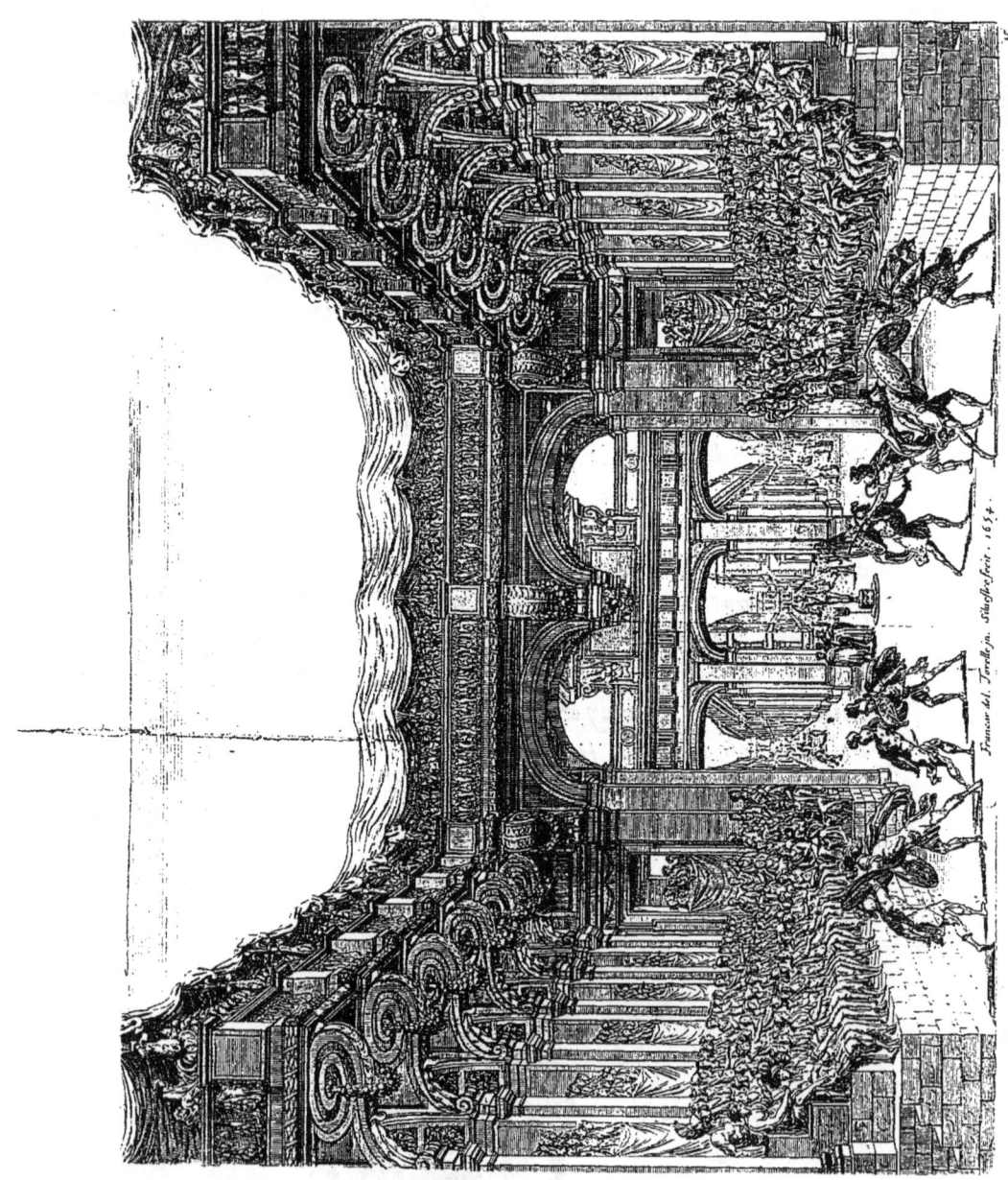

VI.

RAPPRESENTA questa mutazione vn' Amfiteatro pomposamente ordinato, con scalinate, e quantità numerosa di genti vestite d'habito Romano antico, iui ridotte spettatori de' Giochi, che vi si deuono rappresentare. Vi sono posati sopra l'vltimo scalino quantità di grossissimi pilastri; frà quali vi sono sontuose arcate; che serrate sino à mezzo, danno commodo à buon numero di curiosi di vagheggiare le feste. Soprà li pilastri vi sono grandissimi modiglioni, che sostengono vna renghiera, che camina tutt'all'intorno coperta d'vn drappo di scarlatto, per diffender dall'aria, e dal Sole i riguardanti. In faccia si vede vn grand'arco con l'istesso ordine dalle parti; e più lontano vn'altra architettura Dorica di tre archi, trà i fori de' i quali apparifcono tre strade della Città concorrenti à tre punti, di modo che quelli che sono nel mezzo vedono in tre termini, il vasto della Città sudetta. Gl'ornamenti dell' Amfiteatro sono tutti di rame, come pure la statua di Marte, che stà posta sotto al volto del sudetto grand'arco, e auanti di quella il tripode con la tazza, preparati per far'il sagrifizio. Quiui però mentre i Sacerdoti della detta Deità sagrificano, i Caualieri di Tessaglia fanno vna Barriera à piedi à colpi di pica, e di spada, che venendo condotta da due dispostissimi Campioni, riesce vna delle più curiose, e superbe apparenze dell'Opera.

VI.

LE changement qui suit represente l'ordre pompeux d'vn Amphitheatre auec ses escaliers, & vn grand nombre de spectateurs vestus à la Romaine ancienne. Il y a sur le dernier degré quantité de fort gros pilastres, entre lesquels il y a de fort belles arches, qui estant enserrées iusques à la moitié, donnent la commodité à plusieurs personnes de voir les ieux. Sur les pilastres il y a de tres grands modilions soustenans vne terrasse qui marche tout à l'entour, couuerte d'vn drap rouge, afin de defendre du Soleil les spectateurs. On void en face vn grand arc, auec le mesme ordre qu'aux costez; & plus loin vne autre architecture Dorique de trois arcs, parmy les ouuertures desquels on apperçoit trois chemins, qui aboutissent à trois poincts; de sorte que ceux qui sont au milieu voyent descouuert par trois endroits l'estenduë de la Ville. Les ornemens de l'Amphiteatre sont tous d'airain, comme la statuë de Mars, posée sous la voute du grand arc, au deuant de laquelle il y a vn Trepié auec la Coupe preparez pour le sacrifice. Et là tandis que les Prestres du Dieu sacrifient, les Cheualiers de Thessalie font vne barriere à pied à coups de pique & d'espée; & cette entrée est conduite par deux Champions, qui par leur addresse & leur disposition font vne veuë des plus merueilleuses de la Piece.

VII.

SVCCEDE all'Amfiteatro la decorazione del Palazzo di Theti, che dà principio al terzo Atto. E' egli di architettura Romana, compofto di colonne doppie di marmo roffo, cinte di cerchi d'argento, del qual metallo fono ancora le bafi, capitelli, e armature, che in luogo di ftatue fono pofte fopra i riffalti, che fanno le colonne, e'l fregio, & altri ornamenti, che fi rifferano entro grandiffimi frontifpizij, che fopraftano il vano delle colonne: frà le quali vi fono grandiffimi feneftroni, come in vna galeria, che circonda tutto il Palazzo: Sù le zocche, che fagliono auanti le colonne, vi ftanno vafi d'argento d'ornamento antico, e perfettiffimo. In faccia fi vede vn Portaglio di maeftofa grandezza, con vn' eguale frontifpizio, foftenuto da termini, che pofano fopra colonne fimili à quelle delle parti. Quefta mole viene ripartita da doppie colonne in tre vani, effendo quello di mezzo ben più grande, e maeftofo; e feguendo otto altre colonne, formano fette aperture, e vi fi foftiene vn maeftofo fofitto. Oltre quefta fi cofpicua fabrica, fegue vn vaftiffimo Cortile d'ordine Dorico; vi fiede in faccia vn gran Palazzo, fotto il quale fi vedono molte Arcate del medefimo ordine. Dietro quello fegue vn'altro fpazio con vn Cortile, che moftra in faccia il fuo edifizio, adornato di colonne d'ordine Ionico, che dilettevolmente vi feparano le fineftre. Per il foro di quefta fabrica, vedefi per vltimo punto vn'ameniffimo giardino con habitazioni di delizia, fontane, & altre gentilezze. In quefta Scena inuitati da Peleo, e da Chirone vn Coro di Accademifti, adornati di bizariffime vefti, fanno vn curiofiffimo ballo. In quefto mentre Theti vfcita, e inftigata da Peleo viene circondata da vna nuuola, in cui fi cangia in fcoglio; e riuenuta in fua prima forma, fegue l'efito defiderato de gli Amori del Rè di Teffaglia; applaudendo à i cui contenti i Corteggiani formano graziofiffima danza.

VII.

LA decoration du Palais de Thetis succede à l'Amphiteatre, & fait le commencement du troisiesme Acte. Il est d'architecture Romaine, orné de colomnes doubles de marbre rouge, enuironnées de cercles d'argent, & du mesme metal sont les bases, les chapiteaux, & les cuirasses garnies d'autres armes, qui au lieu de statuës sont posées sur les saillies, qui font les colomnes, les frises, & autres ornemens, qui se resserrent entre des grands frontispices, qui sont au dessus de l'espace des colomnes, entre lesquelles il y a de grandes fenestres, comme en vne galerie qui enuironne tout le Palais. Sur les zoques qui s'auancent par deuant les colomnes sont placez des vases d'argent, dont l'ornement qui est antique n'en est pas moins parfait. On void en face vn portail d'vne grandeur magnifique, auec vn frontispice égal soustenu des Termes qui sont sur des colomnes semblables à celles des costez. Ce bastiment est diuisé par des doubles colomnes en trois separations, estant celle du milieu bien plus grande & plus magnifique ; & suiuent huit autres colomnes, qui font sept ouuertures ; & vn tres-beau plat-fonds en est soustenu. Il y a en suite vne tres-grande Cour à la Dorique ; on y void vn grand Palais, sous lequel sont descouuertes plusieurs arches de mesme. Au dernier il y a aussi vn autre espace d'vne nouuelle Cour, qui monstre en face son edifice orné de colomnes à la Ionique, qui font vne agreable separation des fenestres. On void pour le dernier poinct de cét edifice vn Iardin, que les cabinets, les fontaines, & autres raretez rendent tres-delicieux. En cette Scene vn chœur d'Academiens inuitez par Chiron, & Pelée, & bizarement vestus dansent d'vne maniere fort curieuse. Cependant Thetis qui sort, & que Pelée sollicite, est enuironnée d'vne nuë, dans laquelle elle se change en rocher ; & ayant repris sa premiere forme donne le succés tres-desiré aux amours du Roy de Thessalie ; & ses Courtisans applaudissans à leur ioye font vne danse tres-agreable.

VIII.

ERCOLE in fine con Promerheo liberato conducono le Arti liberali fue figliuole, che danzano mentre che dal Cielo cominciano à scendere sei nuuole da' fianchi con diciotto persone sopra, coprendo in parte l'architetture del Palazzo; cangiasi intanto il Prospetto della fabrica in nuuole, & apparisce di sotto vn grandissimo fondo pur di nuuole con molte Deità. Di sopra si vede vn'altra apertura, doue siedono dalle parti diciotto persone, che sono le Intelligenze celesti, che con gratissima melodia componendo i loro suoni, attendono Giunone, e Imeneo. Queste due Deità discese dal Cielo nel grembo delle nuuole, vengono sopra vna delle più grandi auanzandosi fino nel mezzo delle sudette Intelligenze, di doue tutti calano à terra, e scendendo le sei per parte si vengono dolcemente ad accostare alla machina di Giunone. Squarciandosi lentamente intanto le altre nuuole nel fondo scuoprono vn Palaggio tutto d'oro, e di cristalli di più colori fabricato. Alla quale prodigiosa vista si aggiunge, che danzando à terra Giunone, & Imeneo, esce dauanti il sudetto Palazzo frà le nuuole vn coro di Amori, che componendo sopra di quelle leggiadrissimo ballo, vengono à dar fine à sì Regià, e maestosa rappresentatione.

VIII.

A la fin Hercule auec Promethée deliuré viennent les Arts liberaux, qui danſent auſſi, tandis que dix-huit perſonnes deſcendent du Ciel ſur ſix nuës, qui couurent en partie les architectures du Palais: cependant ſa perſpectiue ſe change en nuës; & il en paraiſt au deſſous vn grand fonds auec beaucoup de Dieux: au deſſus on voit vne grande ouuerture, où aux coſtez, ſont aſſiſes dix-huit perſonnes, ce ſont les Intelligences celeſtes, qui attendant Iunon & Hymenée, par l'accord de leur ſon forment vne douce melodie. Ces deux Diuinitez, deſcenduës du Ciel au ſein des nuës ſur vne des plus grandes, s'auancent iuſques au milieu des Intelligences; & aprés toutes deſcendent à terre, & les ſix l'une aprés l'autre s'approchent doucement de la machine de Iunon: lors que les autres nuës s'entrouuant lentement au fonds deſcouurent vn Palais tout d'or & de criſtal de diuerſes couleurs; & cette veuë eſt dautant plus merueilleuſe, que Iunon & Hymenée danſant, il ſort d'entre les nuës & deuant le Palais vn Chœur d'Amours, qui danſent ſur elles, auec beaucoup de grace, & finiſſent ainſi vne ſi ſuperbe repreſentation.